Resimlerle
TÜRKÇE İLK 1000 SÖZCÜK

Bin Sözcük Öğreten Kitap

4. BASKI

Yazan: Heather Amery
Resimleyen: Stephen Cartwright

BİNBİR ÇİÇEK KİTAPLAR
Yuva Mahallesi 3702. Sokak No: 4 Yenimahalle / Ankara
Tel:+90-312 396 01 11 Faks: +90-312 396 01 41
www.binbircicekkitaplar.com
Yayıncı Sertifika No: 12382
Matbaa Sertifika No: 13256

Kitabın özgün adı : First Thousand Words in English
Yazarı : Heather Amery
Resimleyen : Stephen Cartwright

Bu kitabın özgün İngilizce baskısı, 2010 yılında Usborne Publishing Ltd., Usborne House, 83-85 Saffron Hill, London EC 1N 8RT, England tarafından gerçekleştirilmiştir.

© 2010, 1995, 1979, Usborne Publishing Ltd.

Nurcihan Kesim Ajans aracılığıyla yapılan anlaşma uyarınca yayınlanmıştır.

© Türkçe yayım hakları Binbir Çiçek Kitaplar'ındır. Yayıncının yazılı izni olmadan hiçbir biçimde ve hiçbir yolla, bu kitabın içeriğinin bir kısmı ya da tümü yeniden üretilemez, çoğaltılamaz ya da dağıtılamaz.
Binbir Çiçek Kitaplar, Arkadaş Yayın Grubu'nun tescilli markasıdır.

ISBN: 978-605-341-861-0
ANKARA, 2020
4. Baskı

Yayına Hazırlık : Zeynep Kopuzlu Taşdemir, Boğaç Erkan
Sayfa Düzeni : Özlem Çiçek Öksüz
Kapak Uygulama: Mehmet Yaman
Baskı : Ankamat Matbaacılık Sanayi Ltd.Şti.
 1333. Cadde 1344. Sokak No: 60
 İvedik OSB. Yenimahalle-Ankara

İki sayfa boyunca yer alan her büyük resimde küçük sarı bir ördek resmi var. Bakalım bulabilecek misiniz?

Kitap Hakkında

Bu resimli sözcük kitabını tüm çocuklar keyifle okuyacaklar. Ebeveynler ve öğretmenler, bu kitabı Türkçeyi henüz öğrenmeye başlamış miniklerle paylaşırken, her sayfanın keşfedilecek, hakkında konuşulacak ve gülünecek keyifli durumlar içerdiğini görecekler.

Türkçe İlk Bin Sözcük, birçok seviyede kullanılmak üzere tasarlanmıştır. Farklı yaş ve becerideki çocuklar için eğlenceli ve ilham vericidir.

Kitabın en temel kullanımı, sayfaları keyifle çevirip hayatın çeşitli alanlarında yaşananlara göz gezdirmek ve küçük dostlarımıza hayatı anlatmak olarak tarif edilebilir. Çocuklar en sevdikleri sayfaları tanıdıkça, resimleri tarif edip gördükleri nesnelerin isimlerini söyleyebilir hale gelirler. Zaman içerisinde sözcüklerin yazılışlarını öğrenecek, bir parça yardım ve cesaretlendirme ile sözcükleri resimlerle eşleştirmeye başlayacaklar.

Yaşça daha büyük çocuklar ise bu kitabı kendi hikâyelerini yazarken kullanabilirler. Kitap onlara yeni fikirler verir ve bir yandan da sözcükleri gerektiği gibi yazmaları konusunda onlara destek olur.

Kitabın arkasında tüm sözcüklerin alfabetik sırayla yer aldığı bir sözcük listesi vardır. Bu listedeki sözcükleri seçip, çocukların sözcüğün resmini ve kitaptaki yerini bulmasını isteyebilir, sözcük ve resimlerle yeni oyunlar kurgulayabilirsiniz. Bu tür oyunlar, çocukların kitapları ve sözlükleri kullanmayı öğrenmeleri için de önemli bir alıştırma olacaktır.

Unutmayın, bu kitabın içinde bin sözcük var ve bu bin sözcük, size ve küçük dostunuza eğlenceli saatler vadediyor.

Ev

küvet

yatak

sabun

musluk

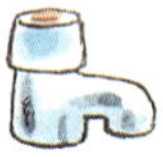

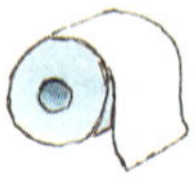

tuvalet kâğıdı

diş fırçası

su

tuvalet

sünger

lavabo

duş

Banyo

Oturma odası

havlu

diş macunu

radyo

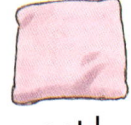
yastık

CD

halı

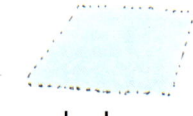
kanepe

 sandalye
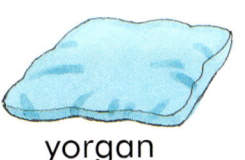 yorgan
 tarak
 çarşaf
kilim 
gardırop 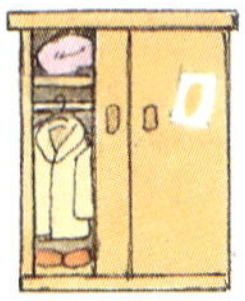

Yatak odası

 yastık
 şifoniyer
 ayna
 fırça
 lamba
 resim
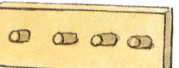 askı
 telefon

Hol

 radyatör
 video kaset 
 gazete
 masa
 mektup
 merdiven

Mutfak

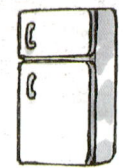
buzdolabı

bardak

saat

tabure

çay kaşığı

elektrik düğmesi

deterjan

anahtar

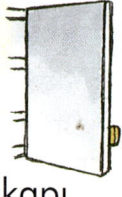
kapı

elektrikli süpürge

lavabo

tencere

çatal

önlük

ütü masası

çöp

 su ısıtıcısı
 bıçak
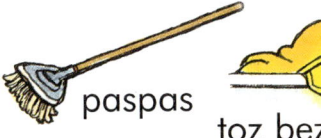 paspas
 toz bezi
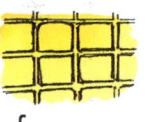 fayans
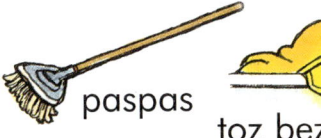 süpürge 
 çamaşır makinesi
 faraş  
 çekmece
 fincan tabağı
 tava
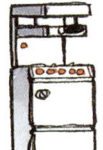 fırın
 kaşık
 tabak
 ütü
 dolap
 kurulama bezi
fincan 
kibrit 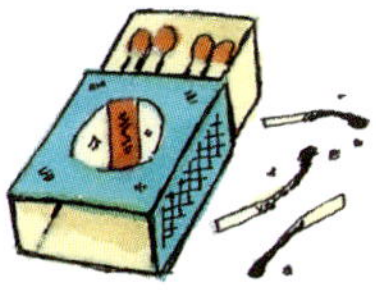
 fırça
 kâse

Bahçe

el arabası

çiçek sulama kabı

arı kovanı

salyangoz

tuğla

güvercin

kürek

uğur böceği

çöp kovası

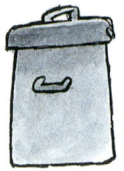
tohum

kulübe

solucan

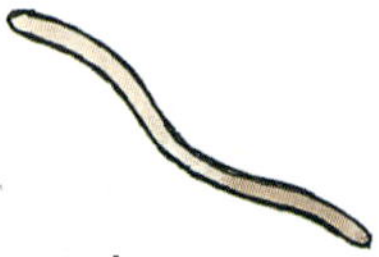

çiçek

fıskiye

kürek

eşek arısı

Atölye

mengene

vida

zımpara kâğıdı

matkap

merdiven

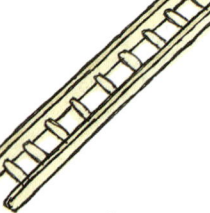
testere

testere talaşı

takvim

alet çantası

tornavida

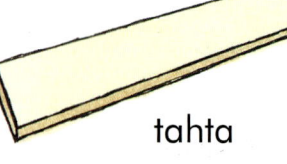
tahta

yonga

çakı

Sokak

 market

 çukur

 kafe

 ambulans

 kaldırım

 anten

 baca

 çatı

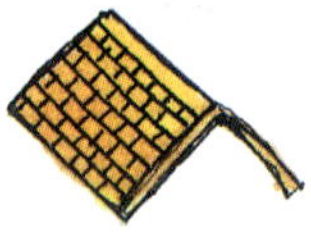

 kepçe

 otel

 otobüs

 adam

 polis arabası

 boru

 elektrikli matkap

okul

çocuk bahçesi

 taksi
 yaya geçidi 
fabrika 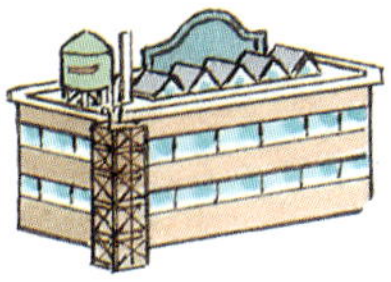
kamyon 
trafik ışığı 
 sinema

 kamyonet

 silindir

 el arabası

 ev

 pazar

 basamak

 motosiklet

 bisiklet
 itfaiye arabası 
 polis
 araba — kadın
sokak lambası 
 apartman

Oyuncakçı

oyuncak tren seti

armonika

- zar
- flüt
- robot
- davul
- kolye
- fotoğraf makinesi
- boncuk
- oyuncak bebek
- gitar
- yüzük
- oyuncak bebek evi 
- düdük
- oyun küpü
- kale
- denizaltı
- trompet
- ok

Park

salıncak

bank

kum havuzu

piknik

uçurtma

dondurma

köpek

bahçe kapısı

yaya yolu

kurbağa

kaydırak

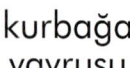
kurbağa yavrusu

göl

paten

çalı

Seyahat

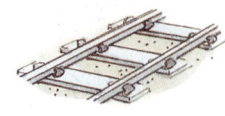
tren rayı

helikopter

lokomotif

tampon

vagon

makinist

yük treni

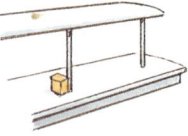
platform

kondüktör

bavul

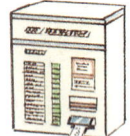
bilet makinesi

Tren İstasyonu

Yakıt İstasyonu

sinyal

sırt çantası

far

motor

tekerlek

akü

Kasaba

 değirmen

 dağ

 sıcak hava balonu

 kelebek

 kertenkele

 taş

 tilki

 dere

 işaret levhası

 kirpi

 bent

 sincap

 orman

 porsuk

 nehir

 yol

Çiftlik

tınaz

horoz

çoban köpeği

ördek

kuzu

göl

civciv

samanlık

ahır

boğa

ördek yavrusu

tavuk kümesi

traktör

kaz

tanker

ambar

çamur

el arabası

çiftçi — tarla — tavuk — buzağı — çit — eyer — inek ahırı

inek
pulluk
meyve bahçesi
ahır
domuz yavrusu
çoban
hindi
korkuluk
çiftlik evi

saman — koyun — saman balyası — at — domuz — çiftlik evi

 yelkenli

Plaj

 deniz kabuğu

 deniz

 kürek

 fener

 kürek

 kova

 deniz yıldızı

 kumdan kale

 şemsiye

 bayrak

 denizci

 yengeç

 martı

 ada

 motorbot   su kayağı

Okul

 makas

 hesaplama yapmak

 silgi

 cetvel

 fotoğraf

 keçeli kalem

 raptiye

 sulu boya

 oğlan

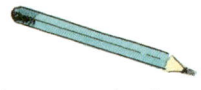 kurşun kalem

 yazı tahtası

 masa

 kitap

dolma kalem

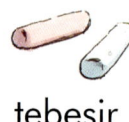 tutkal

tebeşir

 resim

Hastane

 hastabakıcı

 oyuncak ayı  elma

 pamuk

 ilaç

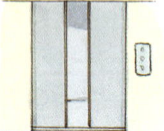 asansör

 sabahlık

 koltuk değneği

 hap

 tepsi

 saat

 termometre

 perde

 alçı

 bandaj

 tekerlekli sandalye

puzzle

doktor

 şırınga

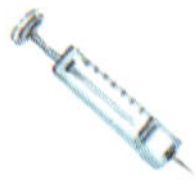

Doktor

terlik

bilgisayar

yara bandı

muz

üzüm

sepet

oyuncak

armut

kart

bebek bezi

baston

bekleme salonu

televizyon  — gecelik  — pijama 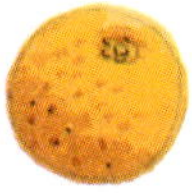 — portakal — kâğıt mendil  — mizah dergisi

Parti

hediye

balon

çikolata

şeker

pencere

havai fişek

kurdele

pasta

pipet

mum

kâğıt süsü

oyuncak

mandalina salam kaset sosis cips

kostüm

vişne

meyve suyu

ahududu

çilek

ampul

sandviç yağ bisküvi peynir ekmek masa örtüsü

Market

 greyfurt

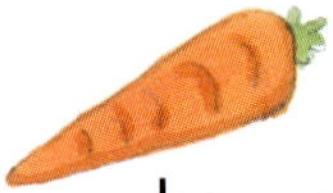

 havuç

 karnabahar

 pırasa

 mantar

 salatalık

 limon

 kereviz

 kayısı

 kavun

 alışveriş torbası

 soğan

 lahana

 şeftali

 kıvırcık

 bezelye domates

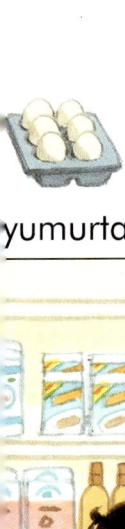    

yumurta erik un  terazi  kavanoz et ananas

yoğurt

sepet

şişe

el çantası

cüzdan

para

konserve

alışveriş arabası

patates  ıspanak  fasulye kasa bal kabağı

Yiyecekler

akşam yemeği

jambon

çorba

omlet

yemek çubuğu

salata

hamburger

tavuk

pirinç

ketçap

spagetti

patates püresi

pizza

patates kızartması

tatlı

37

Ben

kafa
saç
yüz

kaş   • göz  • burun

yanak  • ağız • dudak

diş  • dil • çene

kulak  • boyun  • omuz

kol
dirsek
karın

ayak parmağı
ayak
bacak
diz

göğüs  • sırt • popo

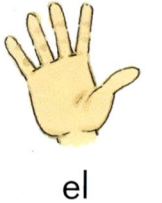

el  • başparmak 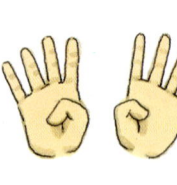 • parmak

Elbiselerim

çorap	külot	fanila	pantolon	kot pantolon	tişört
etek	gömlek	kravat	şort	külotlu çorap	elbise
kazak	svetşört	hırka	atkı		mendil
tenis ayakkabısı	ayakkabı	sandalet	bot		eldiven
	kemer	kemer tokası	fermuar	ayakkabı bağı	düğme	düğme deliği
cep		palto	ceket	şapka	şapka

39

Meslekler

aktör aktris şef dansçı

kasap polis şarkıcı astronot

ressam marangoz hakim itfaiyeci tamirci

40

kamyon şoförü

otobüs şoförü

berber

diş hekimi

dalgıç

erkek garson

kadın garson

postacı

boyacı

fırıncı

Aile

oğul / erkek kardeş

kız evlat / kız kardeş

anne / eş (kadın)

baba / eş (erkek)

teyze / hala

amca / dayı

kuzen

büyükbaba

büyükanne

41

Eylemler

gülmek

gülümsemek

ağlamak

düşünmek

dinlemek

yakalamak

atmak

kırmak

boyamak

yazmak

baltayla kesmek

kesmek

yemek

konuşmak

kazmak

taşımak

içmek

yapmak

atlamak

dans etmek

yıkamak

örgü örmek

emeklemek

42

oynamak
izlemek
tırmanmak
almak
ip atlamak
dövüşmek
uyumak
dikmek
beklemek
yemek yapmak
saklanmak
okumak
satın almak
itmek
süpürmek
şarkı söylemek
koparmak
üflemek
çekmek
düşmek
yürümek
koşmak
oturmak

Karşıt Sözcükler

uzak — yakın

iyi — kötü

soğuk — sıcak

ıslak — kuru

üst — alt

üzerinde — altında

kirli — temiz

şişman — zayıf

açık — kapalı

küçük — büyük

az — çok

birinci — sonuncu

sol

dışarıda — içeride — kolay — zor

boş — dolu — yumuşak — sert — ön

yüksek — yavaş — hızlı — arka

alçak — uzun — kısa — ölü — canlı

karanlık — aydınlık — yukarı

sağ — yeni — eski — aşağı

Günler

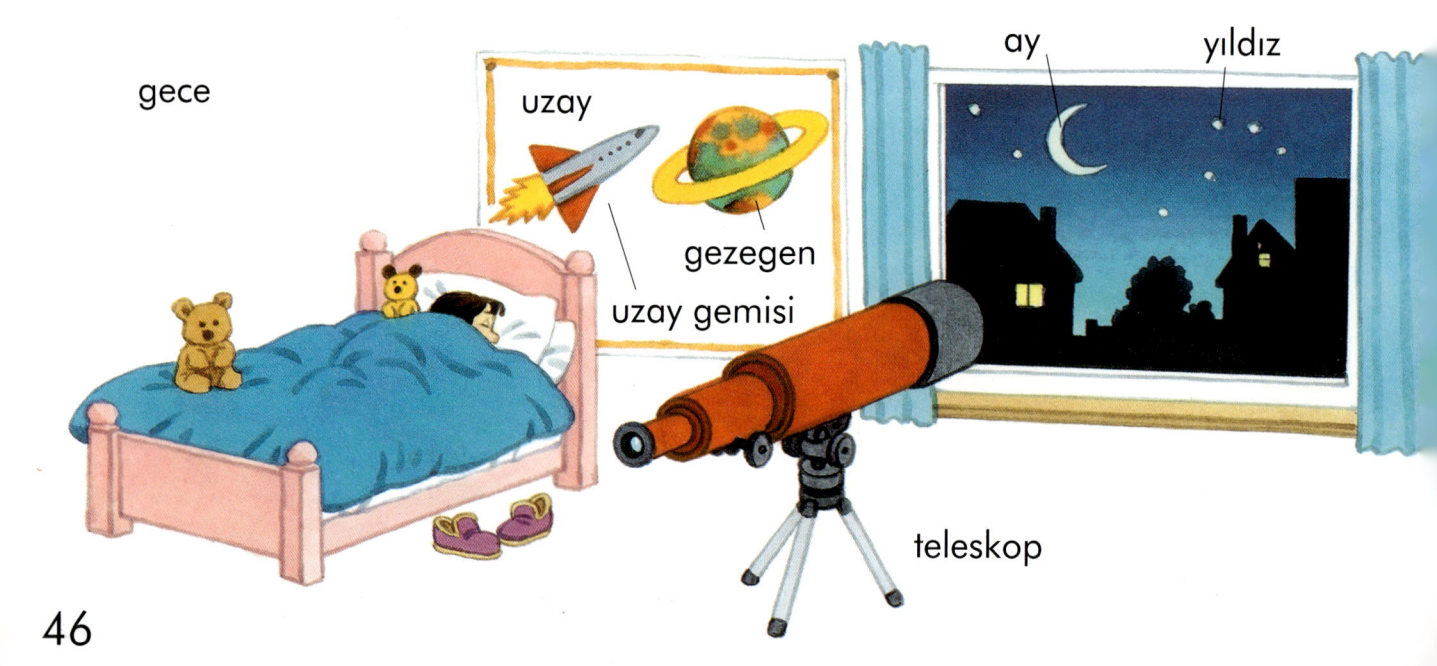

pazartesi salı çarşamba perşembe cuma cumartesi pazar

takvim

sabah

güneş

akşam

gece

uzay
gezegen
uzay gemisi

ay yıldız

teleskop

Özel günler

doğum günü
tebrik kartı
mum
tatil
hediye
doğum günü pastası

düğün
fotoğraf makinesi
nedime
gelin damat
fotoğrafçı

yılbaşı
ren geyiği
kızak
Noel Baba
yılbaşı ağacı

Hava

şemsiye
güneş
bulut
gökyüzü
yağmur
şimşek
sis
kar
çiğ
rüzgâr
pus
don
gökkuşağı

Mevsimler

ilkbahar

yaz

sonbahar

kış

Evcil hayvanlar

veteriner

hamster

köpek kulübesi

hintdomuzu

köpek yavrusu

köpek

muhabbet kuşu

papağan

gaga

yemek

kanarya

kafes

tavşan

kedi

sepet

fare

kedi yavrusu

süt

Japon balığı

49

Spor ve Etkinlikler

- basketbol
- kürek çekmek
- yelken
- rüzgâr sörfü
- snowboard
- karate
- raket
- tenis
- Amerikan futbolu
- jimnastik
- kriket oyunu
- beyzbol sopası
- top
- beyzbol
- olta
- balık tutmak
- yem
- ragbi
- dans
- yüzme havuzu
- balıklama atlamak
- yüzmek
- koşu yarışı

50

okçuluk

hedef tahtası

asılı planör uçuşu

kask

tempolu koşu

bisiklet sürmek

tırmanma

judo

soyunma dolabı

at

midilli

soyunma odası

futbol

binicilik

badminton

buz pateni

masa tenisi

patinaj

kayak pisti

teleferik

kayak

kayak yapmak

sumo güreşi

51

Renkler

turuncu

yeşil

siyah

gri

kırmızı

kahverengi

beyaz — mavi — pembe — mor — sarı

Şekiller

dikdörtgen

daire

karo

koni

küp

yıldız

oval

üçgen

kare

hilal

Sayılar

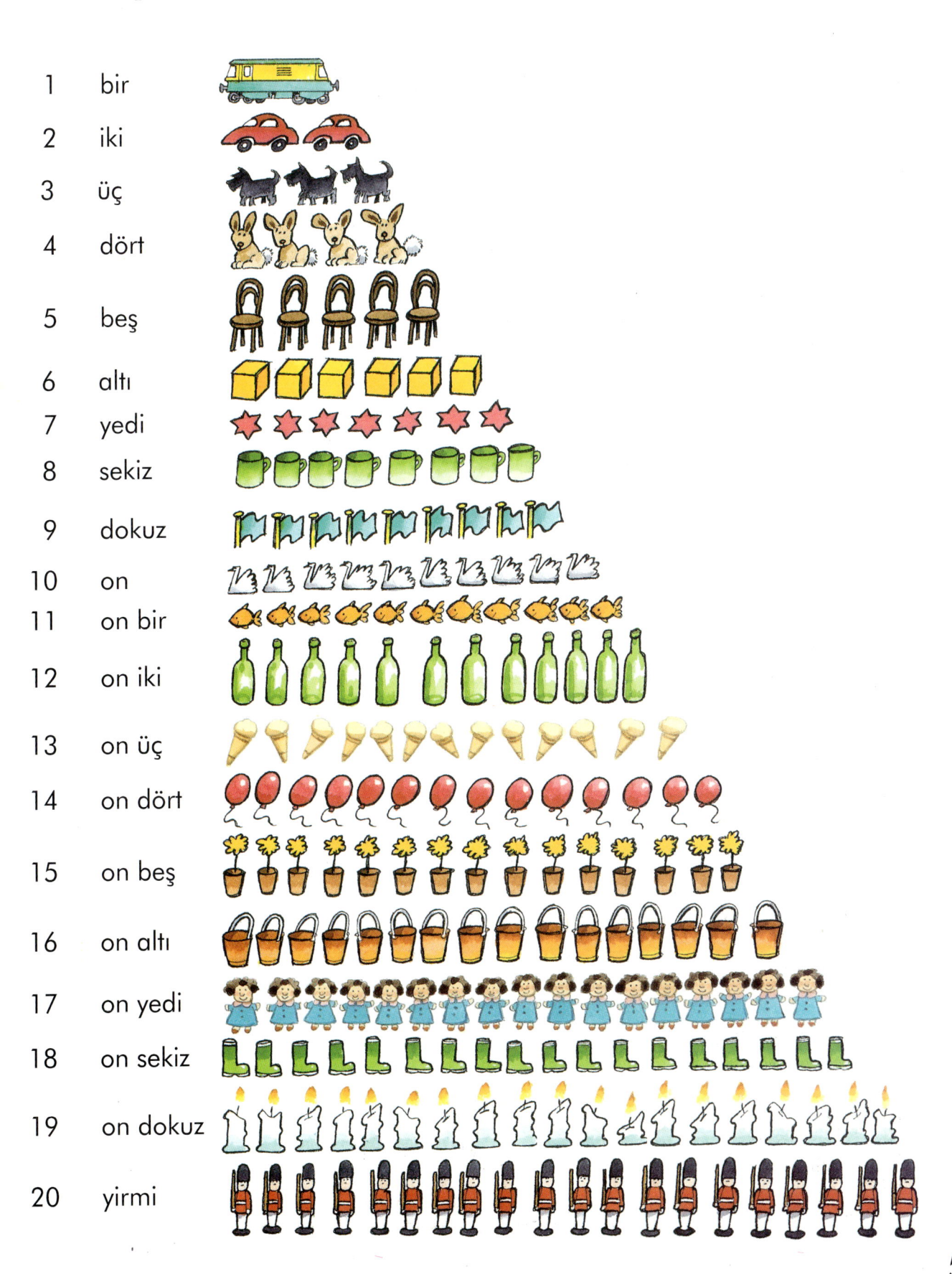

1	bir	
2	iki	
3	üç	
4	dört	
5	beş	
6	altı	
7	yedi	
8	sekiz	
9	dokuz	
10	on	
11	on bir	
12	on iki	
13	on üç	
14	on dört	
15	on beş	
16	on altı	
17	on yedi	
18	on sekiz	
19	on dokuz	
20	yirmi	

Luna Park

dönme dolap

atlıkarınca

paspas

kaydırak

halka oyunu

korku treni

patlamış mısır

lunapark hız treni

atış poligonu

çarpışan arabalar

pamuk şeker

Sirk

- ip cambazı
- sırık
- trapez
- ip
- ip merdiven
- güvenlik ağı
- tek tekerlekli sirk bisikletçisi
- akrobat
- tavşan
- sirk direktörü
- köpek
- hokkabaz
- halka
- silindir şapka
- papyon
- bando
- at akrobatı
- palyaço

Sözcükler

Bu, resimli sayfalardaki tüm sözcüklerin bir listesidir. Sözcükler alfabetik olarak sıralanmıştır. Sözcüklerin yanındaki sayılar, sayfa numaralarını gösterir. Belirtilen sayfalarda sözcüğü ve resmi birlikte görebilirsiniz.

a

açık 44
ada 26
adam 12
ağ 27
ağaç 9, 17
ağaç dalı 9
ağız 38
ağlamak 42
ahır 24, 25
ahududu 33
akrobat 55
akşam 46
akşam yemeği 37
aktör 40
aktris 40
akü 20
akvaryum 29
alçak 45
alçı 30
alet çantası 10
alfabe 29
alışveriş arabası 35
alışveriş torbası 34
almak 43
alt 44
altı 53
altında 44
ambar 24
ambulans 12
amca / dayı 41
Amerikan futbolu 50
ampul 33
anahtar 6
ananas 35
anne / eş (kadın) 41
anten 12
apartman 13
araba 13
araba yıkama 21
arı 9
arı kovanı 8
arka 45
armonika 14
armut 31
asansör 30
asılı planör uçuşu 51
asker 15
askı 5
aslan 18
aslan yavrusu 18
astronot 15, 40
aşağı 45
at 25, 51
at akrobatı 55
ateş 9
atış poligonu 54
atkı 39
atlama ipi 17
atlamak 42
atlıkarınca 54
atmak 42
ay 46
ayak 38
ayak parmağı 38
ayakkabı 39
ayakkabı bağı 39
aydınlık 45
ayı 18
ayna 5
az 44

b

baba / eş (erkek) 41
baca 12
bacak 38
badminton 51
bagaj 21
bağı 39
bahçe kapısı 16
bal 36
bal kabağı 35
balık 27
balık tutmak 50
balıkçı 23
balıkçı teknesi 27
balıklama atlamak 50
balina 19
balon 32
balta 11
baltayla kesmek 42
bandaj 30
bando 55
bank 16
bardak 6
basamak 13
basketbol 50
baston 31
başparmak 38
bavul 20
baykuş 23
bayrak 26
bebek 17
bebek arabası 9
bebek bezi 31
bekleme salonu 31
beklemek 43
bent 22
benzin 21
berber 41
beş 53
beyaz 52
beyzbol 50
beyzbol sopası 50
bezelye 34
bıçak 7
bilet makinesi 20
bilgisayar 31

bilye 15
binicilik 51
bir 53
birinci 44
bisiklet 13
bisiklet sürmek 51
bisküvi 33
bitki 29
bizon 19
boğa 24
boncuk 14
boru 12
boş 45
bot 39
boya 15
boya kovası 11
boyacı 41
boyamak 42
boynuz 19
boyun 38
bulut 48
burun 38
buz dağı 18
buz pateni 51
buzağı 25
buzdolabı 6
büyük 44
büyükanne 41
büyükbaba 41
canlı 45

C - Ç
CD 4
ceket 39
cep 39
cetvel 28
cıvata 11
cips 33
civciv 24
cuma 46
cumartesi 46
cüzdan 35

çadır 23
çakı 10
çakıl taşı 27
çalı 9, 16
çamaşır makinesi 7
çamur 24
çarpışan arabalar 54
çarşaf 5
çarşamba 46
çatal 6
çatı 12
çay 36
çay kaşığı 6
çaydanlık 36
çekici 21
çekiç 11
çekmece 7
çekmek 43
çene 38
çiçek 8
çiçek sulama kabı 8
çiçek yatağı 17
çiftçi 25
çiftlik evi 25
çiğ 48
çikolata 32
çilek 33
çim biçme makinesi 9
çimen 9
çit 17
çit 25
çivi 11
çoban 25
çoban köpeği 24
çocuk 17
çocuk arabası 17
çocuk bahçesi 12
çok 44
çorap 39
çorba 37
çöp 6
çöp kovası 8, 29
çukur 12

d
dağ 22
daire 52
dalga 27
dalgıç 41
damat 47
dans 50
dans etmek 42
dansçı 40
davul 14
defter 29
değirmen 22
deniz 26
deniz kabuğu 26
deniz yıldızı 26
denizaltı 14
denizci 26
dere 22
deterjan 6
deve 19
devekuşu 18
dışarıda 45
dikdörtgen 52
dikmek 43
dil 38
dinlemek 42
dirsek 38
diş 38
diş fırçası 4
diş hekimi 41
diş macunu 4
diz 38
doğum günü 47
doğum günü pastası 47
doktor 30
dokuz 53
dolap 7
dolma kalem 28
dolu 45
domates 34
domuz 25
domuz yavrusu 25

don 48
dondurma 16
dönme dolap 54
dört 53
dövüşmek 43
dudak 38
duman 9
duş 4
duvar 29
düdük 14
düğme 39
düğme deliği 39
düğün 47
düşmek 43
düşünmek 42

e

eğe 11
ekmek 33
el 38
el arabası 8, 13, 24
el çantası 35
elbise 39
eldiven 39
elektrik düğmesi 6
elektrikli matkap 12
elektrikli süpürge 6
elma 30
emeklemek 42
erik 35
erkek garson 41
erkek hostes 21
eski 45
eşek 27
eşek arısı 8
et 35
etek 39
ev 13
eyer 25

f

fabrika 13
fanila 39
far 20
faraş 7
fare 49
fasulye 35
fayans 7
fener 26
fermuar 39
fıçı 11
fırça 5, 7, 29
fırın 7
fırıncı 41
fıskiye 8
fil 19
fincan 7
fincan tabağı 7
flüt 14
fok balığı 19
fotoğraf 28
fotoğraf makinesi 14, 47
fotoğrafçı 47
futbol 51

g

gaga 49
gardırop 5
gazete 5
gece 46
gece kelebeği 23
gecelik 31
gelin 47
gemi 27
gergedan 19
geyik 19
gezegen 46
gitar 14
goril 18
göğüs 38
gökkuşağı 48
gökyüzü 48
göl 16, 24
gömlek 39
göz 38
greyfurt 34
gri 52
gülmek 42
gülümsemek 42
güneş 46, 48
güvenlik ağı 55
güvercin 8

h

hakim 40
halat 27
halı 4
halka 55
halka oyunu 54
hamburger 37
hamburger ekmeği 36
hamster 49
hap 30
harita 29
hastabakıcı 30
haşlanmış yumurta 36
havai fişek 32
havlu 4
havuç 34
hedef tahtası 51
hediye 32, 47
helikopter 20
hesaplama yapmak 28
hırka 39
hızlı 45
hilal 52
hindi 25
hintdomuzu 49
hokkabaz 55
horoz 24
hortum 9, 19

I - i

ıslak 44
ıspanak 35
içeride 45
içmek 42
iki 53
ilaç 30
ilkbahar 48
inek 25
inek ahırı 25
İngiliz anahtarı 21
ip 17, 55
ip atlamak 43
ip cambazı 55
ip merdiven 55
işaret levhası 22
itfaiye arabası 13
itfaiyeci 40
itmek 43
iyi 44
izlemek 43

j

jaluzi 29
jambon 37
Japon balığı 49
jimnastik 50
judo 51

k

kadın 13
kadın garson 41
kadın hostes 21
kafa 38
kafe 12
kafes 49
kâğıt 29
kâğıt mendil 31
kâğıt süsü 32
kahvaltı 36
kahvaltılık gevrek 36
kahve 36
kahverengi 52
kaldırım 12
kale 14
kamyon 13
kamyon şoförü 41
kamyonet 13
kanal 23
kanarya 49
kanat 18
kanepe 4
kanguru 18
kano 27
kapalı 44
kapı 6
kapı kolu 29
kaplan 19
kaplumbağa 19
kaput 21
kar 48
karabiber 36
karanlık 45
karate 50
karavan 23
kare 52
karın 38
karnabahar 34
karo 52
kart 31
kartal 18
kasa 35
kasaba 23
kasap 40
kâse 7
kaset 33
kask 51
kaş 38
kaşık 7
kavanoz 11, 35
kavun 34
kaya 23
kayak 51
kayak pisti 51
kayak yapmak 51
kayalık 27
kaydırak 16, 54
kayık 17
kayısı 34
kaykay 17
kaz 24
kazak 39
kazmak 42
keçeli kalem 28
keçi 19
kedi 49
kedi yavrusu 49
kelebek 22
kemer 39
kemer tokası 39
kemik 9
kepçe 12
kereviz 34
kertenkele 22
kesmek 42
ketçap 37
kırmak 42
kırmızı 52
kısa 45
kış 48
kıvırcık 34
kız 29
kız evlat / kız kardeş 41
kızak 47
kibrit 7
kilim 5
kirli 44
kirpi 22
kitap 28
kol 38
kolay 45
koltuk değneği 30
kolye 14
kondüktör 20
koni 52
konserve 35
kontrol kulesi 21
konuşmak 42
koparmak 43

korku treni 54
korkuluk 25
kostüm 33
koşmak 43
koşu yarışı 50
kot pantolon 39
kova 26
koyun 25
köpek 16, 49, 55
köpek balığı 19
köpek kulübesi 49
köpek yavrusu 49
köprü 23
köstebek 23
kötü 44
kravat 39
krema 36
krep 36
kriket oyunu 50
kuğu 17
kukla 15
kulak 38
kulübe 8
kum 27
kum havuzu 16
kumbara 15
kumdan kale 26
kunduz 19
kurbağa 16, 23
kurbağa yavrusu 16
kurdele 32
kurşun kalem 28
kurt 18
kuru 44
kurulama bezi 7
kuş 17
kuş yuvası 9
kutu 29
kutup ayısı 19
kuyruk 18
kuzen 41
kuzu 24
küçük 44

külot 39
külotlu çorap 39
küp 52
küre 29
kürek 8, 26, 27
kürek çekmek 50
kütük 23
küvet 4

l

lahana 34
lamba 5, 29
lastik 21
lavabo 4, 6
leopar 19
limon 34
lokomotif 20
lunapark hız treni 54

m

makas 28
makinist 20
mala 9
mandalina 33
mantar 34
marangoz 40
market 12
martı 26
masa 5, 28
masa örtüsü 33
masa tenisi 51
maske 15
matkap 10
mavi 52
mavna 23
maymun 18
mayo 27
mektup 5
mendil 39
mengene 10
merdiven 10

merdiven 5, 9
meyve bahçesi 25
meyve suyu 33
mezura 11
midilli 51
mizah dergisi 31
mor 52
motor 20
motorbot 26
motosiklet 13
muhabbet kuşu 49
mum 47
mum boya 29, 32
musluk 4
muz 31

n

nedime 47
nehir 22
Noel Baba 47

o - ö

odun 11
oğlan 28
oğul / erkek kardeş 41
ok 14
okçuluk 51
okul 12
okumak 43
olta 50
omlet 37
omuz 38
on 53
on altı 53
on beş 53
on bir 53
on dokuz 53
on dört 53
on iki 53
on sekiz 53
on üç 53

on yedi 53
orman 22
otel 12
otobüs 12
otobüs şoförü 41
oturmak 43
oval 52
oynamak 43
oyun hamuru 15
oyun küpü 14
oyuncak 31, 32
oyuncak at 15
oyuncak ayı 30
oyuncak bebek 14
oyuncak bebek evi 14
oyuncak gemi 15
oyuncak tren seti 14
öğlen yemeği 36
öğretmen 29
ölü 45
ön 45
önlük 6
ördek 17, 24
ördek yavrusu 17, 24
örgü örmek 42
örümcek 11
örümcek ağı 11

p

palet 27
palto 39
palyaço 55
pamuk 30
pamuk şeker 54
panda 18
pantolon 39
papağan 49
papyon 55
para 35
paraşüt 15
parmak 38
paspas 7, 54
pasta 32
patates 35
patates kızartması 37
patates püresi 37
paten 16
pati 18
patika 9
patinaj 51
patlamış mısır 54
pazar 13, 46
pazartesi 46
pelikan 18
pembe 52
pencere 32
penguen 18
perde 30
perşembe 46
petrol tankeri 21, 27
peynir 33
pırasa 34
pijama 31
piknik 16
pilot 21
pipet 32
pirinç 37
pist 21
piyano 15
pizza 37
planya 11
platform 20
polis 13
polis 40
polis arabası 12
popo 38
porsuk 22
portakal 31
postacı 41
pulluk 25
pus 48
puzzle 30

r

radyatör 5
ragbi 50
raket 50
raptiye 11, 28
reçel 36
ren geyiği 47
resim 5, 28
ressam 40
robot 14
roket 15
rozet 29
rüzgâr 48
rüzgâr sörfü 50

s - ş

saat 6, 30
sabah 46
sabahlık 30
sabun 4
saç 38
sağ 45
sahanda yumurta 36
saklanmak 43
salam 33
salata 37
salatalık 34
salı 46
salıncak 16
salyangoz 8
saman 25
saman balyası 25
samanlık 24
sandal 27
sandalet 39
sandalye 5
sandviç 33
sarı 52
satın almak 43
sekiz 53
sepet 31

sepet 35, 49
sera 9
sert 45
sıcak 44
sıcak çikolata 36
sıcak hava balonu 22
sırık 55
sırt 38
sırt çantası 20
silgi 28
silindir 13
silindir 15
silindir şapka 55
sincap 22
sinek 11
sinema 13
sinyal 20
sirk direktörü 55
sis 48
siyah 52
snowboard 50
soğan 34
soğuk 44
sokak lambası 13
sol 44
solucan 8
sonbahar 48
sonuncu 44
sosis 33
soyunma dolabı 51
soyunma odası 51
spagetti 37
su 4
su aygırı 18
su birikintisi 17
su ısıtıcısı 7
su kayağı 26
sulu boya 28
sumo güreşi 51
sünger 4
süpürge 7
süpürmek 43
süt 36, 49

svetşört 39
şapka 27
şapka 39
şarkı söylemek 43
şarkıcı 40
şef 40
şeftali 34
şeker 32, 36
şelale 23
şemsiye 26, 48
şezlong 27
şırınga 30
şifoniyer 5
şimşek 48
şişe 35
şişman 44
şort 39

†

tabak 7
tabure 6
tahta 10
tahterevalli 17
taksi 13
takvim 10, 46
tamirci 40
tampon 20
tanker 24
tarak 5
tarla 25
tasma 17
taş 22
taşımak 42
tatil 47
tatlı 37
tava 7
tavan 29
tavşan 49, 55
tavuk 37
tavuk kümesi 24
tebeşir 28
tebrik kartı 47

tek tekerlekli sirk
   bisikletçisi 55
tekerlek 20
tekerlekli sandalye 30
teleferik 51
telefon 5
teleskop 46
televizyon 31
temiz 44
tempolu koşu 51
tencere 6
tenis 50
tenis ayakkabısı 39
tepe 23
tepsi 30
terazi 35
terlik 31
termometre 30
testere 10
testere talaşı 10
teyze / hala 41
tezgâh 11
tınaz 24
tırmanma 51
tırmanmak 43
tırmık 9
tırtıl 9
tilki 22
tilki yavrusu 23
timsah 18
tişört 39
tohum 8
top 17, 50
toprak 17
tornavida 10
tost 36
toz bezi 7
trafik ışığı 13
traktör 24
trapez 55
tren 23
tren rayı 20
trompet 14

tuğla 8
turuncu 52
tutkal 28
tuvalet 4
tuvalet kâğıdı 4
tuz 36
tüfek 15
tünel 23
tüy 18

u - ü
uçak 21
uçurtma 16
uğur böceği 8
un 35
uyumak 43
uzak 44
uzay 46
uzay gemisi 46
uzun 45
üç 53
üç tekerlekli bisiklet 17
üçgen 52
üflemek 43
üst 44
ütü 7
ütü masası 6
üzerinde 44
üzüm 31

v
vagon 20
veteriner 49
vida 10, 11

video kaset 5
vinç 15
vişne 33

y
yaba 9
yağ 21
yağ 33
yağmur 48
yakalamak 42
yakın 44
yakıt pompası 21
yanak 38
yapmak 42
yaprak 9
yara bandı 31
yarasa 18
yarış arabası 15
yastık 4, 5
yatak 4
yavaş 45
yay 15
yaya geçidi 13
yaya yolu 16
yaz 48
yazı tahtası 28, 29
yazmak 42
yedi 53
yelken 50
yelkenli 26
yem 50
yemek 42, 49
yemek çubuğu 37
yemek yapmak 43
yengeç 26

yeni 45
yeşil 52
yıkamak 42
yılan 19
yılbaşı 47
yılbaşı ağacı 47
yıldız 46, 52
yirmi 53
yoğurt 35
yol 22
yonga 10
yorgan 5
yosun 27
yukarı 45
yumurta 35
yumuşak 45
yunus 18
yük treni 20
yüksek 45
yürümek 43
yüz 38
yüz boyası 15
yüzme havuzu 50
yüzmek 50
yüzük 14

z
zar 14
zayıf 44
zebra 19
zemin 29
zımpara kâğıdı 10
zor 45
zürafa 18

DİĞER DİLLERDEKİ İLK BİN SÖZCÜK KİTAPLARI

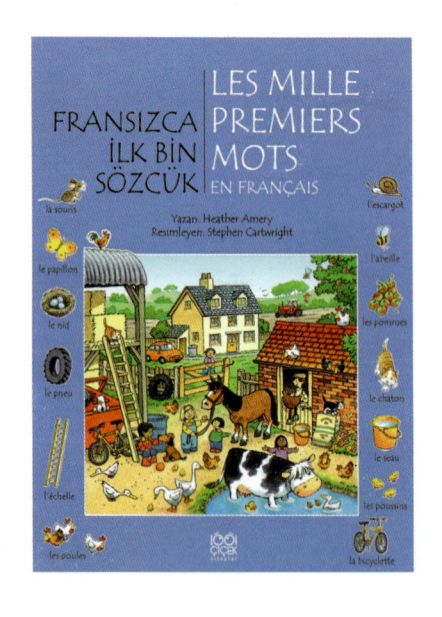

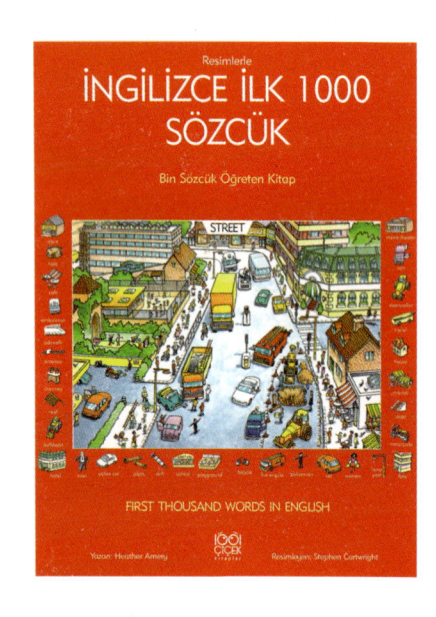

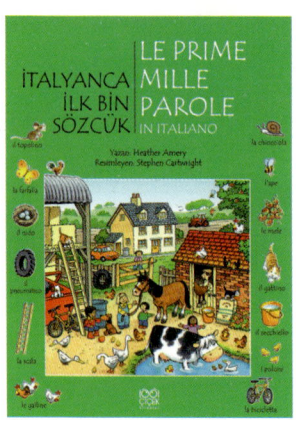

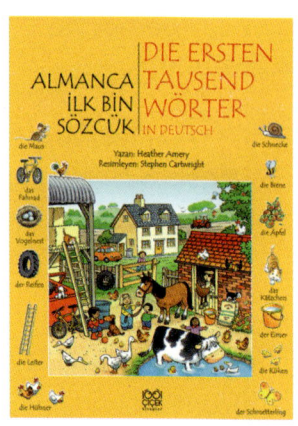

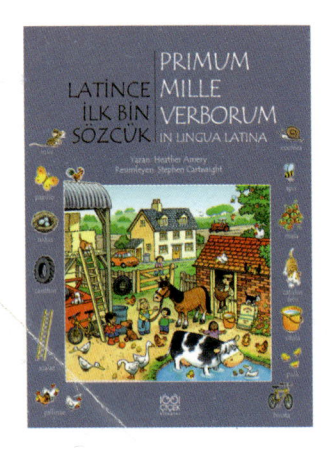

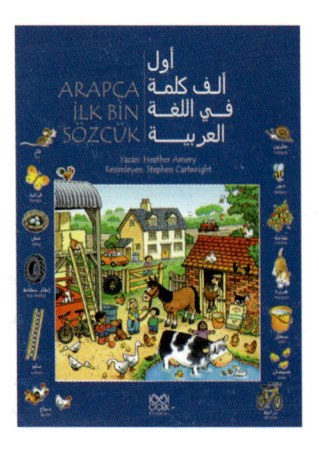